MÉMOIRES

DE

F.-A. CABAN

ANCIEN ARCHITECTE A ROUEN

Concerne la couverture

MÉMOIRES DE F.-A. CABAN

ANCIEN ARCHITECTE A ROUEN

MÉMOIRES

DE

F.-A. CABAN

ANCIEN ARCHITECTE A ROUEN

MÉMOIRES

Caban à trois ans perdait sa mère et à dix-sept ans il perdait son père, qui avait été faïencier chez M. Delamélérie, puis fabricant de bas à Quevilly où il est né, conseiller municipal et considéré. Il m'avait mis aux écoles du village.

D'abord chez une cousine Mme Havet, j'y restai jusqu'à l'âge de huit ans et demi.

Mon père me plaça chez M. Savaroc, instituteur, dont Mlle Savaroc avait été grande amie de ma mère, et me faisait des caresses dont j'ai conservé le bon souvenir.

A treize ans je quittai l'école de ce bon instituteur qui m'avait toujours employé mon temps et fait le possible pour commencer mon instruction, je le quittai sans être savant, comme on peut l'être à cet âge, mais avec des désirs de m'instruire.

A quatorze et quinze ans j'entrai dans des filatures qui, à cette époque, étaient insignifiantes, où je m'acquittai de mon mieux comme rattacheur retournant diverses machines.

A seize ans je me fis manœuvre et à dix-sept et dix-huit ans je me dis ouvrier de bâtiment, ce qui m'a été possible et ardent, sous un oncle entrepreneur.

A dix-neuf, vingt et vingt et un ans je fais des petites bâtisses assez réussies, puis sous architecte, professeur de mathématiques, et de dessins, MM. Boutigny, Carpentier et Behévé, j'obtenais quatre prix de dessins couronnés, académie de Rouen, M. Carpentier professeur.

Enfin je suis encouragé et m'érigeant je fais des efforts pour arriver à l'École Polytechnique. M. Baltard, grand professeur, ayant réalisé les trois concours, 22, 23 et 24 qui ont sanctionné mon élévation à la grande école sous le n° 187, alors j'ai été heureux et M. Baltard, le grand maître, m'a félicité.

Je suis encore resté 6 à 8 mois, faisant quelques beaux dessins à l'atelier de M. Baltard. Je l'en remercie et n'ai pas eu l'occasion de le revoir; j'étais fâché avec son fils Victor, qui a été le grand faiseur des halles de Paris.

J'ai rapporté à mon cabinet, que je revois avec satisfaction, mes dessins faits à Paris.

Je rentrai à Rouen, chez mon oncle Boutigny, faisant de l'architecture. Il fut chargé par M. Marquis de Dauvet, riche propriétaire d'un cours d'eau à Mainneville (Eure) où je l'accompagnai; une visite des lieux reconnue, je restai seul et reconnus de quoi il s'agissait : de la construction d'une usine ; je pris feu et me chargeai de l'opération, c'était en 1826. Quand j'eus pris connaissance, je fis un nivellement nécessaire et pensai à réduire le moulin à blé ; mal disposé, avec quelques améliorations, il pourrait continuer son service, je fis un nivellement du cours de l'eau, de près de 500 mètres d'étendue, je reconnus que l'on pouvait réunir une chute d'eau de près de 2 mètres d'étendue hauteur ; je ne pouvais avoir des ouvriers convenables, mais je n'étais pas embarrassé, j'avais tenu la truelle et tout l'outillage, et avec quelques 10 à 12 ouvriers réunis, je montrai comment je faisais la terrasse. La maçonnerie, je fis creuser la rivière, mettre les ouvriers à l'œuvre ce qu'ils n'avaient pu faire ; ils reconnurent ma capacité. Il s'agissait de construire une usine, établir sa chute et sa puissance, je puis dire que j'étais un maître ouvrier et architecte ; j'assurai le propriétaire, M. Dauvet, que son moulin aurait sa puissance et que son usine serait établie dans l'année ; c'était un bâtiment de grandes dimensions : rez-de-chaussée, avec étage et comble faisant atelier, bâtiments accessoires, habitation et magasins ; chemins d'accès, Le moteur hydraulique dans sa chute, avec le volume de l'eau, force approximative 15 à 20 chevaux, mis en mouvement.

Je passai à ce travail quinze mois dont plusieurs voyages ; je réussis, nous trouvâmes un locataire qui prit la location, c'était un industriel de Paris qui organisa une filature mue par l'eau.

Puis de cet établissement j'eus l'occasion de rétablir un moulin à deux tournants placés en aval de ce premier établissement, où je fis quelques améliorations. Il était la propriété d'un excellent M. Dupont, magistrat à la cour de Rouen; j'ai, pour lui être agréable, revu sa propriété pour quelques améliorations, j'ai vu allant dans ce pays où j'ai eu assez souvent l'occasion d'y conduire M. Dupont, j'avais ma voiture et c'est avec bonheur que j'ai pu faire quelques voyages chez lui, j'ai pu indiquer quelques modifications qui ont été apportées à son moulin; il est mort à sa campagne, je l'ai bien regretté.

Je ne tardai pas à faire des travaux à Grand-Quevilly. J'y créai une filature avec machine à vapeur sur une propriété à moi, et des accessoires nécessaires. Ce travail fini, la population s'est accrue de 250 habitants, qui ont contribué à donner de la vie à cette usine.

Puis d'acheter, dans mon village, l'habitation où j'étais né, où père et mère, dignes gens, avaient disparu; j'en ai fait l'acquisition et cadeau à la commune (4,500 fr.)

J'ai, comme architecte, établi un beau cimetière entouré de murs. Le terrain a été donné par Madame la propriétaire du château, Mme de Lachâtre; fermé d'une grille, au centre un calvaire, allée centrale bien établie, que je n'ai fait que recommander voulant que ce cimetière soit un modèle, et que j'y puisse prendre ma place que le conseil municipal a bien voulu me donner.

J'ai fait maison d'école de filles aux frais de la commune, c'est un type à imiter pour ses dispositions : habitation, deux pièces au rez-de-chaussée, au milieu l'entrée et perron ; cuisine et salle, 3 chambres au premier pour recevoir deux religieuses et une troisième de passage, cour commune, et grande classe, pour tous les élèves, assez rapprochée de l'église.

J'ai fait le chœur de l'église, qui était trop à l'étroit, ce qui a permis à mon cher père ainsi que le cher curé fussent placés dans l'agrandissement de ce chœur. L'entourage de ce chœur est en pierres pour les fenêtres ; trois sont vers le sud, sont richement disposées en sculpture et sont ornementées de sujets peints et riches, donnés par moi ; un quatrième se trouve au nord, riche, donné par un cousin ; aussi enfant du pays. Ces sujets ont été traités par des sculpteurs habiles de Rouen.

J'ai un fait à révéler : il y avait, avant la Révolution, une église dite de Saint-Nicolas ; à travers les orages de ces temps, il y avait un beau christ délaissé ; mon cher père avait une maison voisine au moment de la Révolution, il put s'emparer du christ, il l'avait fait disparaître, caché, puis des temps meilleurs ont permis qu'il pût disposer de cette richesse et qu'il le remit à l'église de Quevilly dont il est un noble o;nement.

J'ai souscrit, pour satisfaire à M. le Préfet, à une contribution, pour une fondation à un hospice du Petit-Quevilly-Chartreux, pour secourir les malheureux ; il fallait de l'argent. Il était entendu que j'en serais dédommagé, il savait bien que mon ardeur dans mes travaux, qu'un accroc je pourrais le subir. Les promesses étaient 500 fr. pendant dix ans ; il avait une doublure, ils ont forfait à l'honneur ; ceci m'a coûté 5,000 fr.

Pendant le travail de Mainneville, de 1826, je n'y restais pas toujours, j'allais et venais aidant à mon oncle Boutigny, à Elbeuf, où il était l'architecte de la ville, mais résidant à Rouen. Ses relations avec la municipalité d'Elbeuf, à propos d'élections, firent que mon oncle s'arrangea et, d'accord avec la municipalité, je puis le remplacer ce qui fut fait.

Architecte de cette ville d'Elbeuf, je continuai le service de la ville, c'est-à-dire que je restai à Rouen, tout en allant un jour à Elbeuf, la semaine. J'y restai 4 ans.

Voici les travaux qui me furent confiés :

1° Construction d'un grand cimetière, avec murs d'enceinte, chaînes de divisions, grande grille d'entrée, calvaire, et divisions pour le service des tombes et monuments ; ce cimetière a une grande étendue, une rampe de terrain assez forte.

J'ai établi le tribunal de commerce, la bourse; j'ai percé une rue portant le nom de M. Bourdon père, alors, et j'ai pu donner une habitation importante nécessaire au presbytère.

J'ai fait quelques magasins et usines pour la vente des draps, puis modifications à la mairie ancienne ; à l'hospice, un beau projet d'église, puis un vaste bâtiment pour les vieillards. J'ai été chargé du service des cours d'eau du Puchot, puis d'un autre petit cours d'eau venant des terrains supérieurs, où se trouvent plusieurs petites usines, rien ne s'y faisant sans que les alignements pour y travailler n'aient été accordés et la rétribution due soit payée.

Nous avons été appelés pour élever un arc de triomphe au plus vite, ayant été avertis que la duchesse d'Angoulême allait arriver et faire son entrée triomphale dans notre ville d'Elbeuf, et être reçue chez M. Hayet, riche propriétaire.

Nous avons réclamé tous les bâtisseurs, charpentiers, menuisiers, tous hommes d'état; puis tous les fabricants ont été priés d'apporter tout ce qu'ils pouvaient avoir de draps blancs, pour faire un bel appareil et décorations aussi belles et surtout promptes.

Une nouvelle imprévue a tout désorganisé, a causé une grande contrariété dans toute la ville.

M. Caban a édifié un nombre considérable d'usines, mais il va de soi qu'elles sont pourvues d'habitations et de tous les accesssoires utiles, ponts, cours d'eau.

Il a fait des habitations et châteaux qui ont une certaine importance.

Parler de M. Arago est une difficulté pour tout le monde.

Pascal dans l'ordre de l'esprit, il met en tête Archimède, que Pascal obéit à ses habitudes et à ses inclinations de génie, et se souvient qu'il a été géomètre.

Il m'a paru dans l'ordre de l'intelligence, étaient les noms d'Archimède, ou Newton ou Lagrange, car lire est déjà une noble et grande chose.

François Arago, né le 26 février 1786 en Roussillon, suivit, dans les premières années, le collège de Perpignan; par la vue d'un jeune officier sortant de l'École Polythechnique, dont l'épaulette le frappa, qu'est-ce que l'École Polythechnique? Il se mit à l'instant et à l'étude des grands livres de mathématiques où il fut reçu Élève de l'école Polythechnique en 1803, à dix-sept ans, Arago se destinait alors à l'artillerie.

MM. Chaix, Rodrigens, Arago, à l'âge de vingt ans, eurent la joie de partir chargés d'une des missions qui honorent toute une vie de savoir.

États de services administratifs à la nomination de MM. les Préfets.

1° 18 janvier 1828, nommé architecte de la ville d'Elbeuf et du syndicat de la rivière le Puchot ;

2° 27 septembre 1832, j'ai été appelé comme secrétaire architecte de la commission syndicale des rivières de Sainte-Austreberte et de Saffimbec, dont j'ai organisé le service.

Le fonctionnement était resté sans effet depuis l'ordonnance royale de 1824 qui a institué ce syndicat.

Bien que l'ordonnance royale qui a créé ma fonction n'ait été rendue que le 13 septembre 1834.

Ces deux services m'ont donné plus de soixante-dix-sept années de fonctions ; j'ai donné ma démission fin décembre 1879, de ce service ;

3° En 1848, en avril, j'ai été installé membre de la commission départementale des bâtiments civils, et nommé par M. Deschamps, préfet, j'ai de ce chef trente-deux années de service ;

4° Nommé à ce moment de la commission des travailleurs, pour le placement dans les travaux d'ouvriers sans travail et sans moyens d'existence, appelé par M. Deschamps ; service très difficile dans ce moment, non rétribué ;

5° Cette même année 1848, j'ai été nommé par

M. Senard, le premier suppléant de la justice de paix du premier canton de la ville de Rouen, j'ai eu un service pénible pour nos grandes élections qui se présentaient sous une forme nouvelle ; mon juge de paix en a été malade ; j'ai du présider à sa place la réunion, à l'Hôtel-de-Ville de Rouen, De tous les cinquante bureaux d'élections des cantons du département, représentant la première justice de paix, pour recevoir les suffrages qui avaient été recueillis dans tous les cantons pour l'élection des dix-neuf députés qu'il y avait à élire, additionnant tous les nombres, pour trouver les dix-neuf personnes qui avaient obtenu le plus de suffrages et constituant les députés de cette immense élection.

M. Deschamps, comme préfet, était présent pour la proclamation des élus.

En dehors de ces services départementaux, Monsieur le Préfet voudra bien se rappeler tout ce que j'ai dit dans mon histoire, livre que j'ai eu l'honneur de lui remettre :

Sur les services que j'ai rendus à l'industrie (appelés exceptionnels par M. le préfet Le Roy), par les nombreuses créations d'usines, répandues dans la Seine-Inférieure et de l'Eure, qui n'ont d'égal, qui ont contribué à la supériorité des affaires et à la réputation de la région rouennaise.

Depuis cinquante-deux ans que j'ai quitté l'Ecole des beaux-arts, j'en ai passé quarante des plus laborieuses, avec une activité ardente qui a contribué à l'augmentation de la population.

J'ai fait le bien avec mes idées libérales, honnêtes, républicaines, ce qui m'a fait des adversaires, à en juger par l'un de vos prédécesseurs, qui m'a poussé à me présenter pour la décoration en 1867, et qui a viré de bord.

Je suis parvenu à jouir d'une fortune, qui ne s'acquiet dans notre profession qu'exceptionnellement, et m'a permis d'un user honorablement, à pouvoir souscrire à toutes les causes de secours dans nos moments de malheurs, en suivant de près des mondes plus fortunés.

J'ai mérité dans ma commune de 1,700 âmes, pour les services que j'ai rendus, que la municipalité fît mettre une pierre contre la maison que j'ai achetée et que je lui ai donnée, qui porte que là je suis né le 30 mars 1803.

A un autre événement, j'ai demandé l'acquisition pour faire un tombeau : une délibération m'a déclaré que la commune reconnaissant m'en donnait l'emplacement.

Plus tard, j'ai été maire de la commune, nous avons eu à subir la venue des Prussiens, ce qui m'a suggéré des sacrifices, ayant trois maisons qui ont été envahies et en prêts d'argent ; pendant trois ans j'ai donné des prix d'argent à nos écoliers.

Je m'arrête et laisse à Monsieur le Préfet de juger s'il ne lui paraîtra pas équitable que je trouve la récompense honorifique que, depuis vingt ans, j'avais déjà assez fait pour l'obtenir.

Je me dis son très humble et respectueux serviteur,

CABAN.

8 mars 1878.

1848

Grand-Quevilly au moment des élections générales, tout fut mort.

11 mars, installé la commission des travailleurs à la Préfecture, président : M. Morel, jusqu'au 18.

19 au 24, réunions de cantons à la Préfecture.

Il y avait un chemin et montée en mauvais état à Quevilly, Moi, Caban, je fus requis par M. Deschamps, de procéder à la réfection de ce chemin dit des Grippes, à Quevilly, irrégulier dans sa direction et ses pentes ; nous avions fait le plan du chemin à la Seine, au haut du chemin dit des Grippes, 2 kilomètres. Le bout dit des Grippes était dans un mauvais état, 1 kilomètre.

Nous avons pu rectifier des alignements, en prenant à droite et à gauche ; supprimer des cavités qui faisaient cloaque, pentes rapides dangereuses ; pour corriger autant que possible ces défauts (le plan produit a été soustrait), ces entraves, il a fallu les vaincre, refaire des parties de murs au presbytère, des réfections d'alignements de murs à droite et à gauche, comblant une cavité assez forte où se trouvait une masse d'eau ; puis des redressements, le plus possible, enfin des adoucissements remplaçant un état primitif dangereux, et raccordé une largeur uniforme de huit mètres.

C'était mon village. J'ai pu l'améliorer : avec une troupe très irrégulière et souvent menaçante, et ai contribué, moi et ma famille, pour améliorer ce chemin des Grippes, qui, d'étroit, a été porté à huit mètres de largeur.

Il ne s'est rien fait, dans cette année de 1848, sans que je sois resté inappliqué ainsi dans les mois de mars, avril et mai, je restais beaucoup à la Préfecture.

J'ai été réclamé pour m'occuper des travailleurs sans occupation, pour causes diverses de participations aux affaires de bureaux et de travaux.

Je me suis occupé d'élections, président de section à l'Hôtel-de-Ville, salle des mariages.

Pour la grande élection des 19 députés de la Seine-Inférieure, remplaçant le juge de paix malade, puis renouvelé pour trois remplaçants.

J'ai été appelé suppléant de juge de paix, et présidé plusieurs fois l'audience ; j'ai été ensuite oublié.

J'ai pu honorablement remplir ces missions.

Je résume, après prise de ma retraite comme architecte, année 1879, d'administration et d'industrie. Je pense avoir rempli une tâche honorable.

J'avais fait un tableau au moment d'une exposition pour les industries. Le total des établissements était de 89 en 1867.

Depuis, j'ai continué et ai réalisé un total de 125 usines,

mais je dois dire que je néglige beaucoup de petits établissements, puisqu'il s'est fait des établissements très considérables des forces de 100 à 200 chevaux, ce qui prouve de grands projets accomplis où j'ai concouru.

J'ai fait 45 années de service sous 13 préfets, commission syndicale des cours d'eau, puis 32 ans aussi de service; ensemble 77 ans attaché au service de l'administration, pour surveillance et tous concours ; propreté des cours d'eau comme pour soins, pour les constructions et établissements du département, rapports sur des monuments précieux.

J'ai établi une porte maritime sur la rivière d'Eure pour établir la navigation.

Année 1848, l'administration absente, j'ai été nommé, par M. Senard, premier suppléant de la justice de paix du premier canton. J'ai eu un service pénible pour notre grande élection, mon juge de paix étant malade, j'ai présidé à sa place la réunion à l'Hôtel-de-Ville, les 19 bureaux d'élection départementale. Je représentais les 19 personnes, députés qui avaient obtenu le plus de suffrages, et constituant les députés de cette immense élection.

M. Deschamps, préfet provisoire, agissant, et présenté pour la proclamation des députés, Monsieur le Préfet voudra bien se rappeler ce que j'ai dit dans mon histoire.

Le livre que j'ai eu l'honneur de lui remettre sur les services que j'ai rendus à l'industrie (appelés exceptionnels par M. Le Roy), pour les nombreuses créations d'usines qui sont sans égales à Rouen à la fortune acquise.

J'ai pu faire le bien avec mes idées libérales, honnêtes, républicaines, ce qui m'a fait quelques adversaires, à en juger par l'un de vos prédécesseurs, qui m'ont proposé pour la décoration, mensonge, c'était en 1867.

Je suis parvenu à jouir d'une aisance qui ne s'acquiert, dans notre profession, qu'exceptionnellement, et m'a permis d'en user honorablement pour souscrire à toutes les causes de secours, dans nos moments de malheur, en suivant de près ce que peuvent faire des mondes fortunés ; à mon mariage, le dernier, j'ai remis pour les pauvres, d'après ce que m'a appris M. Nion, adjoint (nom navrant), une somme qui n'est obtenue rarement dans l'année.

A tous les monuments élevés, depuis la statue de Pierre Corneille, elle comprise, j'ai contribué à toutes celles qui ont été érigées. J'ai été heureux d'y trouver un Rouennais à Montpellier, Edouard Adam ; puis un autre sur les cheminées de machines à vapeur réussies ; puis sur les usines à cours d'eau, par Caban, architecte à Rouen.

Sur tout j'ai travaillé avec ardeur et pense avoir honorablement rempli ma tâche et désire avoir de nombreux imitateurs.

Monsieur,

Vous trouverez inclus une expédition de mon arrêté du 12 de ce mois, approuvé par M. le Préfet le 18, qui vous nomme architecte spécial et voyer de cette ville, sur la présentation de M. Boutigny, votre oncle, démissionnaire en votre faveur.

J'ai accueilli la demande que M. Boutigny m'a faite à cet égard, dans la conviction intime que vous justifieriez mon choix autant par votre capacité que par votre exactitude. L'une est déjà bien connue, et j'espère que vous vous imposerez le devoir de faire constamment preuve de l'autre.

Agréez, je vous prie, Monsieur, l'assurance de ma parfaite considération.

PETOU.

P. S. Vous trouverez ci-jointes 4 pétitions qui vous sont transmises en communication.

J'ai fait ce service pendant 4 ans, de 1828 à 1832.

CABAN.

17 JUILLET 1848

Monsieur,

La dissolution des ateliers nationaux met fin à vos travaux.

Je manquerais à mes devoirs si je ne saisissais cette occasion, Monsieur, pour vous adresser au nom du département tout entier mes remercîments sincères pour le dévoûment que vous avez mis à l'accomplissement de votre œuvre.

Dans les circonstances difficiles où nous nous sommes trouvés, je le déclare hautement, Monsieur, votre concours m'a été d'un secours inappréciable, j'ai été heureux de trouver dans votre commission les éléments de conciliation, d'ordre, de bienveillante surveillance qui nous étaient indispensables, et sans votre aide je doute que nous fussions venus à bout de calmer tant de souffrances, tant d'inquiétudes et d'inculquer aux nombreux ouvriers sans travail les idées de patience et de résignation qui les ont toujours distingués après leurs visites près de vous.

Ça été, Messieurs, une tâche laborieuse que la vôtre, et votre assiduité infatigable, votre digne abnégation, vos soins incessants sont un titre bien honorable et bien vrai à la reconnaissance du département tout entier.

Permettez-moi d'être ici son interprète.

Désormais les services que vous pourrez donner sont les secours à domicile. Si, après les services que vous nous avez rendus, il nous était permis de vous en demander encore, je viendrais vous prier de rester constitués et de nous aider à surveiller les distributions en centralisant devant vous les divers modes mis en pratique dans chaque localité.

Salut et fraternité !

Le Préfet de la Seine-Inférieure,

H. DUSSARD.

J'ai fait tous mes efforts pour obtenir un vrai résultat.

Rouen. — Imp. L. Deshays

www.ingramcontent.com/pod-product-compliance
Lightning Source LLC
Chambersburg PA
CBHW070545050426
42451CB00013B/3192